KB109684

IJS 서울대학교 일본연구소
Reading Japan 29

후쿠시마 원전 사고, 그 후

한일의 미래를 위한 당사자의 관찰과 시사

저 자 : 마쓰타니 모토카즈(松谷基和)

역 자 : 배관문(裵寬紋)

제이엔씨
Publishing Company

본 저서는 정부(교육과학기술부)의 재원으로 한국연구재단의 지원을 받아
출판되었음(NRF-2008-362-B00006).

책 을 내 면 서

　　서울대 일본연구소는 국내외 저명한 연구자와 다양한 분야의 전문가를 초청하여 각종 강연회와 연구회를 개최하고 있습니다. 〈리딩재팬〉은 그 성과를 정리하고 기록한 시리즈입니다.

　　〈리딩재팬〉은 현대 일본의 정치, 외교, 경영, 경제, 역사, 사회, 문화 등에 걸친 현재적 쟁점들을 글로벌한 문제의식 속에서 알기 쉽게 풀어내고자 노력합니다. 일본 연구의 다양한 주제를 확산시키고, 사회적 소통을 넓혀 나가는 자리에 〈리딩재팬〉이 함께하겠습니다.

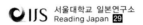

서울대학교 일본연구소
Reading Japan 29

차 례

후쿠시마 원전
사고, 그 후

한일의 미래를 위한 당사자의 관찰과 시사

― 마쓰타니 모토카즈(松谷基和)

후쿠시마 원전 사고, 그 후*
한일의 미래를 위한 당사자의 관찰과 시사

마쓰타니 모토카즈
(松谷基和)

오늘은 3.11 원전 사고 8년째를 맞는 후쿠시마현의 상황을 이야기하려 합니다. 나는 한국 근현대사를 중심으로 동아시아를 연구하는 역사학자로, 원자력 정책이나 원전 전문가는 아닙니다. 하지만 나는 후쿠시마현 후쿠시마시 출신입니다. 2011년 3월 당시에는 가나가와현(神奈川県)에 있었는데, 원전

---

* 이 글은 2019년 3월 26일 서울대학교 일본연구소 '제232회 일본전문가세미나'에서 "후쿠시마 원전사고 그 후: 한일의 미래를 위한 당사자의 관찰과 시사"라는 제목으로 필자가 강연한 내용을 바탕으로 그 후 필자가 새로 수집한 데이터와 자료를 더해 가필 수정한 것이다.

사고 이후 후쿠시마를 자주 방문해 친척들과 지인들의 생활상의 곤란이나 불안을 가까이서 지켜봤습니다. 또 2014년부터는 나도 가족과 함께 후쿠시마시로 귀향해 현지 주민으로 지내고 있습니다. 그래서 오늘은 원전 사고로 후쿠시마 사람들이 어떤 문제에 직면하게 되었는지 나의 체험담을 섞어가면서 구체적으로 말씀드리고 싶습니다. 이를 통해 한일 양국의 우리가 배워야 할 교훈과 과제가 무엇인지 함께 생각했으면 합니다.

1. 후쿠시마 현황: 인구와 경제 지표로 본 변화

2011년 3월 11일 대지진과 쓰나미가 발생했습니다. 그 이튿날부터 도쿄전력 후쿠시마 제1원자력발전소에서 폭발이 잇달아 일어나 대량의 방사능이 동일본 전역으로 방출되었습니다. 일본 정부는 당초 원전에서 수 킬로미터 범위의 주민들에게만 피난 지시를 내렸는데, 사고가 확대되자 피난 지시 범위도 넓어졌습니다. 그 결과 수만 명의 사람들이 고향을 버리고 피난할 수밖에 없었습니다.

사고 당시부터 원전이 폭발하는 끔찍한 영상이나 피난으로 혼란스러운 주민들의 모습이 반복적으로 미디어에 보도되

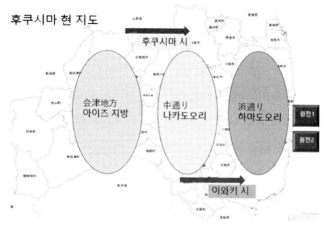

<그림 1> 후쿠시마현 지도

었기 때문에, 한국의 여러분들 중에는 이제 후쿠시마현에는 사람이 거의 살지 않을 거라고 생각하는 분이 계실지도 모릅니다. 그러나 그것은 완전히 오해입니다. 사고로 인한 피난민 수는 분명히 10만 명을 넘지만, 후쿠시마현은 일본에서 세 번째로 면적이 큰 현이라서 대부분의 피난민은 같은 후쿠시마현 내 다른 지역으로 피난했습니다. 구체적인 지명을 들어 설명하면 피난민은 대개 후쿠시마현 연안지방인 '하마도오리(浜通り)'에서 현의 중부지방인 '나카도오리(中通り)'의 고오리야마시(郡山市)와 후쿠시마시로, 혹은 현의 서부 산간지역인 '아이즈 지방(会津地方)'으로 피난했습니다. 같은 '하마도오리'에서

도 원전의 남부에 위치하는 이와키시(いわき市)로 피난한 사람도 많습니다.

피난민 대부분이 후쿠시마현에 머물렀다는 사실은 현내 인구 통계를 통해서도 확인할 수 있습니다. 후쿠시마현 총인구는 원전 사고 전인 2010년에 약 202만 명이었는데, 사고 이듬해인 2012년에는 4만 명 정도가 줄어 198만 명이 되었습니다. 이후로도 감소가 계속되고 있지만 그 수는 매년 1~2만 명 정도입니다. 사실 이 숫자는 사고 이전부터 시작된 매년 저출산 고령화에 의한 자연감소 수치와 크게 다르지 않습니다. 즉 현내 총인구는 2010년 202만 명에서 2019년 185만 명으로 약 9년간 17만 명 정도 감소했습니다만, 이것은 주로 저출산 고령화의 결과이지 원전 사고 때문에 현 밖으로 인구가 유출된 것은 아닙니다.

이를 뒷받침하듯 후쿠시마현이 공표한 「피난자 수의 추이」 데이터를 봐도 후쿠시마현 내외를 불문하고 피난자 수는 사고 이후 계속 감소하고 있습니다. 2012년 시점에는 후쿠시마 현외 피난자가 약 6만 명, 현내 피난자가 약 10만 명이었는데, 2018년 말에 각각 3만 명, 1만 명까지 감소했습니다. 현재 후쿠시마현 인구가 185만 명임을 고려하면 피난자 수 4만 명은 전체 인구의 3% 미만입니다.

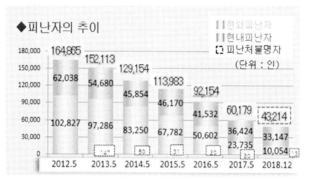

<그림 2> 피난자 수 추이
출처 https://www.pref.fukushima.lg.jp/site/portal-ko/ko03-08.html

그러나 이 통계에는 문제가 있습니다. 여기서 '피난자'란 정부나 지자체가 피난 중 주거비와 생활비를 지원하는 대상을 말합니다. 따라서 정부가 서서히 피난자에 대한 지원이나 범위를 줄이자, 이들 중에는 '피난자' 정의에 포함되지 않는 경우가 생깁니다. 즉 실제로는 고향을 떠나 어쩔 수 없이 다른 지역에서 생활을 해야 함에도 불구하고 정부나 지자체의 공적 지원

대상에서 벗어난 사람들은 더 이상 '피난자'로 취급되지 않습니다. 예를 들어 지자체가 무상으로 제공하던 주택 지원이 끊겨 할 수 없이 자비로 다른 주택을 빌리면 그 '피난자'는 일반 '주민'이 됩니다. 당사자인 '피난자' 입장에서는 일방적으로 지원이 끊겨 피난생활이 한층 더 어려워졌는데도 통계상으로는 '피난자' 감소로 기록되는 것입니다. 따라서 사고 후에도 '피난자' 대부분이 후쿠시마현에 체재했다는 것, 통계상으로 '피난자'가 계속 감소했다는 것도 사실이지만, 실제로 모든 '피난자'가 고향으로 돌아가 사고 전 생활을 재개하거나 피난지에서 안정적이고 자립적인 생활을 회복한 것은 결코 아닙니다.[1] 이러한 실태를 설명하지 않고 통계상 숫자만 강조하는 일본 정부와 후쿠시마 현청의 태도에는 원전 사고 피해를 의도적으로 축소해 보이려는 목적이 있는 것처럼 보입니다.

인구 추이에 대해 언급했으므로 경제지표의 추이에 대해서도 간단히 말씀드리겠습니다. 다음의 통계와 같이 후쿠시마 현내 총생산의 추이는 원전 사고 후 크게 감소했으나 (2011년), 이듬해부터 바로 회복으로 돌아섰고 그 후에도 완

---

1) 이처럼 통계상에서 사라져가는 '피난자'의 곤란한 생활실태에 대해서는 아오키 미키(青木美希), 『지도에서 사라지는 마을(地図から消される街)』, 講談社, 2018, 제6장 참조.

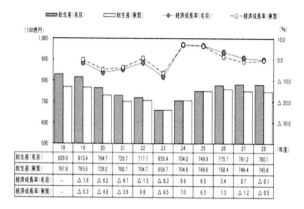

	18	19	20	21	22	23	24	25	26	27	28 (年度)
総生産(名目)	829.0	815.4	764.7	728.7	717.7	658.4	704.0	749.9	775.7	781.2	780.1
総生産(実質)	767.8	765.8	729.2	700.7	704.7	658.7	704.8	749.0	758.4	749.4	745.6
経済成長率(名目)	–	△1.6	△6.2	△4.7	△1.5	△8.3	6.9	6.5	3.4	0.7	△0.1
経済成長率(実質)	–	△0.3	△4.8	△3.9	0.6	△6.5	7.0	6.3	1.3	△1.2	△0.5

<그림 3> 현내 총생산 및 경제성장률 추이

福島県庁, 『平成28年度福島県県民経済計算の概要』, 5쪽

만하게 증가하여 현재는 사고 이전 수준까지 돌아왔습니다. 이는 사고 후에도 현내 인구가 별로 감소하지 않은 반면 사고 직후 '부흥' 관련 건설업(후술하는 제염 등)이 증가했기 때문이라 여겨집니다.[2]

이와 같이 인구수와 경제지표의 변동 등 거시적(매크로) 차원에서 본다면 원전 사고를 경험했어도 후쿠시마현에 극적인 변화가 일어났다고는 말하기 어렵습니다. 즉 표면상으로만

---

2) 후쿠시마현청(福島県庁), 『2016년도 후쿠시마현 현민 경제 계산 개요(平成28年度福島県県民経済計算の概要)』, 6쪽. 또한 이 자료는 https://www.pref.fukushima.lg.jp/sec/11045b/17019.html에 공개되어 있다.

보면 후쿠시마현에는 180만 명 이상의 사람들이 여전히 살고 있고 현내 총생산액도 7조 엔 규모를 유지하고 있습니다. 이 인구수와 총생산액은 모두 일본 47도도부현(都道府県) 중 20위권 안에 듭니다. 참고로 인구 180만 명은 한국의 전라북도와 거의 같은 수준이며, 현내 총생산 약 7조 엔은 부산광역시나 울산광역시 같은 한국의 대표적인 공업도시에 필적합니다.[3]

그러나 인구나 경제규모라는 거시적 지표에 나타나지 않는 사람들의 일상생활 변화, 즉 미시적(미크로) 차원에서의 변화는 심각합니다. 이는 통계상 수치에는 절대로 드러나지 않습니다. 그렇기 때문에 원전 사고의 영향을 이해하기 위해서는 오히려 미시적 차원에서의 변화에 주목할 필요가 있는 것입니다.

2. 피난민의 고통스러운 경험과 기억

후쿠시마 제1원전 주변에 사는 주민의 피난은 3월 11일 대지진 직후부터 시작되었습니다. 11일 밤 일본 정부는 「원자력 긴급사태 선언」을 발령하여 원전에서 반경 2km 권내

---

3) 인구와 총생산 통계는 모두 e-나라지표(index.go.kr)에서 지역별 인구, 지역 내 총생산 통계를 참조.

주민에 대해 피난 지시를 내렸습니다. 이 대상 범위는 그날 밤에 3km 권내, 다음날 아침에 10km 권내, 12일 오후 1호기 원전 외벽 건물에서 수소폭발이 일어난 후에는 20km 권내로 확대되었습니다.

이에 따라 지진 직후부터 많은 주민이 연안부에서 내륙부 쪽으로 일제히 자동차로 피난을 개시했습니다. 연안부에서 내륙부로 향하는 도로는 한정되어 있으므로 심한 교통정체가 발생했습니다. 특히 원전에서 북서쪽에 있는 후쿠시마시와 니혼마쓰시(二本松市)로 향하는 도로는 정체가 심했습니다. 그래서 이 피난경로 도중에 있는 이이타테무라(飯館村) 등의 주민은 마을에서 밤을 새우는 피난민에게 식료품을 제공하거나 마을 공공시설을 긴급피난처로 제공하기도 했습니다.

그런데 실은 이때 원전에서 유출된 방사능 물질은 남동풍을 타고 북서쪽으로 날아갔습니다. 게다가 공교롭게도 비나 눈 때문에 이 대기중 방사능 물질은 대량으로 지면에 표착해 주변 방사선량을 급격히 상승시켰습니다. 결과적으로 피난민은 방사능 오염이 가장 높은 지역을 통과해 피난한 것입니다. 그 사실을 전혀 모른 채 어른 아이 할 것 없이 대량의 방사선 피폭을 당했습니다. 후쿠시마 하마도오리 주민은 지진과 쓰나미로 피해를 입고, 원전 사고 후에 피난을 강요당하고, 대량의 방사선 피폭까지 당한다는 삼중고를 겪어야 했습니다.

나중에 밝혀진 일입니다만, 사실 일본 정부는 원전에서 북서쪽으로 오염이 확대된다는 정보를 알고 있었습니다. 그러나 혼란을 가중시킨다는 이유로 이를 공표하지 않았습니다. 또한 원전에서 40km 정도 떨어져 피난 지시 권외에 있던 이이타테무라의 경우, 방사능 오염이 분명했음에도 불구하고 정부의 피난 지시가 없었기 때문에 피난민들을 보살피면서 자신들은 마을에 계속 머물렀던 결과 대량의 피폭을 당했습니다. 이윽고 일본 정부가 이이타테무라 전역에 피난 지시를 내린 것은 원전 사고부터 한 달이 지난 4월 10일이었습니다.[4]

더구나 연안부 주민 중에는 쓰나미 피해자 구조를 충분히 하지 못한 채 피난했기 때문에 당연히 구할 수 있었던 목숨조차 구하지 못했다는 자책으로 괴로워하는 사람도 있었습니다. 예컨대 다음 사진은 2017년 나미에마치(浪江町)가 건립한 희생자 위령비인데, 여기에는 원전 사고로 인해 "나라에서 피난 지시가 발령되어 주민들은 피난할 수밖에 없었기에 수색과 구조를 단념하지 않을 수 없었다"라고 애끓는 심

---

4) 이러한 일본 정부의 정보 통제에 대해서는 아사히 신문 특별보도부(朝日新聞特別報道部), 『프로메테우스의 덫(プロメテウスの罠)』, 学研パブリッシング, 2012, 제1~2장 참조.

정이 적혀 있습니다. 이처럼 지진과 쓰나미에 이어 원전 사고가 일어난 탓에 피난민들은 육체적으로도 정신적으로도 깊은 상처를 받았습니다.

<그림 4> 나미에마치의 위령비. 2017년 건립

3. 미나미소마시에서의 SOS

한편 정부의 '피난 지시'가 아니라 '옥내 대피' 지시 때문에 큰 고통을 겪은 지자체가 있습니다. 원전 북쪽에 위치한 미나미소마시(南相馬市)입니다. 앞에서도 말한 대로 일본 정부는 제1원전 폭발 후 20km 권내에 피난 지시를 내렸습니다만, 그 바깥쪽 20~30km권의 주민에 대해서는 '옥내 대피'를 지시했습니다. '옥내 대피'란 간단히 말하면 집안에서 창문을 닫고 가만히 있으라는 지시입니다. 미나미소마시는 남북으로 긴 도시입니다. 시의 남부는 20km 권내이므로 '피난 지시', 시청이 있는 중심부는 '옥내 대피', 시의 북부는 아무 지시도 받지 않은 등, 같은 시에 각기 다른 지시가 내려져 시내가 세 구역으로 분단되었습니다. 당시 상황을 돌이켜보면 여러분도 쉽게 상상이 가시겠지만, 원전 폭발이 있었고 미나미소마시에서도 육안으로 보였습니다. 시의 남부에 피난 지시가 내려지자, 시내 전역의 주민들은 하나같이 불안에 휩싸여 구역에 관계없이 일제히 피난하기 시작했습니다. 그 결과 시의 인구 7만 명 가운데 약 5만 명이 피난했고, 그 뒤에는 고령이나 지병 혹은 자가용이 없다는 물리적 이유로 피난할 수 없는 주민들과 시민 생활을 지켜야 하는 시청 등의 공무원들만 남겨졌습니다.

하지만 시민 대부분이 피난했기 때문에 시내에는 사람이 없는 상태가 되었습니다. 가게도 은행도 문을 닫아 남겨진 사람들은 일상적인 생활을 할 수 없었습니다. 게다가 정부의 '옥내 대피' 조치 때문에 미나미소마시는 방사능 오염이 심각하다는 인식이 퍼져 피재지에 지원 물자를 전해야 할 운송회사나 지원단체의 운전사들도 시내에 들어오기를 거부했습니다. 미디어 취재진들도 나가버리자 미나미소마시는 고립상태에 빠졌습니다. 시내에 남은 2만 명의 주민은 외부의 지원을 충분히 받지 못한 채 '옥내 대피'를 계속할 수밖에 없었습니다.

이 비참한 상황에 대해 미나미소마시 사쿠라이 가쓰노부(桜井勝延) 시장은 전화 취재 미디어를 통해 정부와 국민들의 지원을 호소했으나 별다른 효과는 없었습니다. 그래서 사쿠라이 시장은 과감한 행동에 나섰습니다. 그는 미나미소마시의 참상을 전하는 비디오 메시지를 만들었고, 거기에 영어 자막을 붙여 유튜브(YouTube)에 올림으로써 전 세계에 지원을 호소했습니다.[5] 동영상이 공개된 것은 3월 말이었습니다. 그는 동영상에서 주민들이 고립되어 있는 상황을 전하고 정부 지원이 불충분하다는 점과 미디어가 현장에 직접 취재하러 오지 않는다는 점 등을 비판하면서, 주민들이 마치 적의 식량 보급로를 차단하는 병량공격(兵糧攻め)을 당하는 것 같다고 비통한 심정을 전했습니다. 그리고 남겨진 주민들을 지원하기 위한 자원봉사에 와주기를 호소했습니다.

이 동영상은 해외 미디어가 주목해 널리 보도하는 바람

---

5) https://www.youtube.com/watch?v=70ZHQ-cK40

에 일본 국내에도 일러졌습니다. 당시 가나가와현에 실던 필자도 역시 이 동영상이 해외에서 화제라는 일본 신문기사를 보고 그 존재를 처음 알고는 즉시 유튜브로 시청했습니다.

나는 동영상을 보고 충격을 받았습니다. 설마 미나미소마시가 자국 정부와 미디어에 버림받고 남겨진 시민들은 이른바 병량공격을 당한다고 느낄 정도로 절박하여, 시장이 직접 해외에 지원을 호소하지 않으면 안 되는 상태에 놓여 있다고는 꿈에도 생각하지 못했기 때문입니다. 나는 사쿠라이 시장의 호소에 응해 내 차를 가지고 미나미소마시로 향했습니다. 4월 초의 일이었습니다.

내 눈으로 본 미나미소마시의 모습은 사쿠라이 시장의 말 그대로였습니다. 시내에는 사람 그림자가 거의 보이지 않고 식당, 슈퍼마켓, 주유소, 은행 등 통상적인 시민 생활에 필요한 시설은 전부 문을 닫았습니다. 나는 미나미소마시 사회복지협의회에 설치된 볼런티어센터에 가서 그 지방 자원봉사자들과 함께 시내에 남겨진 '옥내 대피' 주민들에게 식료품, 물, 등유 등을 배달하러 갔습니다. 어느 집이나 방사능에 대한 불안 때문에 창문을 꼭 닫고 있었습니다. 어떤 집에서는 혼자 사는 할머니가 어두운 방 안에서 꼼짝 않고 텔레비전만 보고 있었습니다. 물론 원전 사고 관련 뉴스뿐입니다. 사고 이후 의지할 사람도 없고 피난도 못하고 3주째 목욕도 못하고 계속 집안에 틀어박혀 텔레비전을 본다고 했습니다. 방에는 주변에서 갖다 줬다는 도시락 용기와 페트병이 있는 것으로 보아 식료품은 간신히 확보했던 것 같은데 정말 안타까운 모습이었습니다. 나는 역사 연구자라서 이 사람들의 모습을 보며 전전(戰前)의 일본 정부가 전장이 된 지역의 일반 주민을 '기민(棄民)'했던 역사를 떠올리지 않을 수 없었습니다.

또 하나 인상에 남은 일이 있습니다. 그것은 미나미소마시에서 볼런티어 활동을 마치고 연안부의 쓰나미 피재지를 차로 돌았을 때였습니다. 거기에는 3.11 후 약 4주나 지났음에도 불구하고 쓰나미로 파괴된 건물이나 목재의 깨진 조각이 그대로 남아 있었습니다. 말할 것도 없이 그 사이 미야기현이나 이와테현의 쓰나미 피재지에는 국내외 다수의 구원 부대와 민간 볼런티어가 들어가 현지 주민들과 함께 파편 철거와 복구 활동을 개시했고, 그 모습은 연일 미디어에 보도되었습니다. 그러나 같은 쓰나미 피재지라 해도 미나미소마시를 비롯한 원전 부근의 후쿠시마현 연안부에는 지원자가 거의 들어가지 않았습니다. 이 대조적인 상황은 아래 사진을 비교해보면 알 수 있을 것입니다. 사람의 모습이 거의 보이지 않는 미나미소미시 연안부를 차로 달리면서 나는 솔직히 미야기현이나 이와테현이 '부럽다'고 생각했습니다. 물론 미야기현이나 이와테현의 쓰나미 피재자 수는 후쿠시마현보다 훨씬 더 많고 그 피해가 심각하다는 것도 잘 알고 있었습니다. 그렇다 해도 살아남은 사람들이 (파괴되긴 했지만) 자신의 마을이나 집을 보러 갈 수 있고 국내외 지원자들과 함께 복구활동을 할 수 있는 미야기현이나 이와테현이 '부럽다'고 생각될 만큼, 미나미소마시의 쓰나미 피재지는 인기도 없고 너무나 황량했습니다. 이 '피재지 격차'라 할 만한 상황을 초래한 것은 다름 아닌 원전 사고와 방사능 오염입니다.

<그림 5> 2011년 3월 26일 미야기현 나토리시(名取市)[6]   <그림 6> 2011년 3월 20일 이와테현 리쿠젠타카타시 (陸前高田市)[7]

<그림 7> 2011년 4월 6일 미나미소마시 연안[8]

4. 피난지에서의 고뇌

후쿠시마현 연안부에서 피난한 주민은 현 내외 각 시정촌(市町村)으로 분산해 가설주택 등에서 피난생활을 했습니다. 자택이나 직장 등 지금까지의 생활기반을 전부 잃고 낯선 곳에서 시작한 피난생활이 상당히 곤란했음은 말할 필요도 없겠지요. 가족이 다른 시정촌에 분산해 피난하는 바람에 '이

6) 가호쿠 신보 진재 아카이브(河北新報震災アーカイブ) http://kahoku-archive.shinrokuden.irides.tohoku.ac.jp "자택을 보러 가는 가족(自宅を見に行く家族)"으로 검색.

7) 가호쿠 신보 진재 아카이브. URL은 위와 동일. "괴멸 상태가 된 시가지를 망연자실하게 걷는 시민들(壊滅状態となった市街地をぼうぜんとしながら歩く市民ら)"로 검색.

8) 2011년 4월 6일 필자 촬영.

산가족'이 된 경우도 많이 있었습니다.

더하여 후쿠시마현 원전 사고 피난자 중에는 피난처 주변 주민들의 차가운 시선과 차별을 받는 일도 있었습니다. 이는 주로 수도권으로 피난한 경우인데, 후쿠시마에서 피난한 아이들이 전학한 학교에서 "방사능을 쏘였으니 너는 죽을 거야", "방사능균" 같은 폭언으로 놀림을 당하거나 집단 따돌림을 당하는 사건도 일어났습니다. 물론 따뜻하게 받아주는 경우도 많았을 테지만 이러한 사건이 실제로 발생해 보도나 입소문을 타고 널리 알려지자, 후쿠시마현 밖으로 피난하기를 포기하고 현으로 돌아와 새로운 피난처를 찾는 사람도 있었습니다.[9]

일본에는 일찍이 히로시마와 나가사키의 피폭자들이 가장 큰 희생자였음에도 주변의 편견과 차별로 고통받았던 슬픈 역사가 있습니다. 안타깝게도 후쿠시마 원전 사고에서도 비슷한 현상이 보였습니다. 피난자는 최대 희생자임에도 불구하고 차별받고 마치 골칫거리 같은 냉대를 받았습니다. 이러한 경험은 직접적인 피난자뿐만 아니라 후쿠시마현 전체에 뼈아픈 기억으로 남고 말았습니다.

---

9) 이러한 사정에 대해서는 아오키 미키(青木美希), 『지도에서 사라지는 마을(地図から消される街)』, 제5장 참조.

더욱 슬픈 일은 후쿠시마 현내에 피난지를 찾은 경우에도 또 다른 이유로 피난자들에 대한 차별과 편견이 있었습니다. 그것은 피난자가 도쿄전력에서 받은 보상금 때문이었습니다.

원전 사고가 발생한 다음 달부터 도쿄전력은 정부가 설치한「원자력 손해배상 분쟁 조사회」지침에 따라 피난자에게 배상금을 지급하기 시작했습니다. 그 액수는 정부 지시로 피난한 주민 1인당 월 10만 엔으로 정해졌습니다. 또한 피난 지시 대상구역 내에 남겨진 토지와 가옥, 직장과 사업 등에 해당하는 손해에 대해서는 도쿄전력에 개별적으로 청구해 쌍방 합의를 얻은 경우 배상금을 지급했습니다. 후에 정부 지침 개정으로 배상 범위가 확대되어 피난 지시 구역 외 주민에 대해서도 1회에 한해서지만 성인 1인당 8만 엔, 임산부 및 아이는 1인당 40만 엔의 배상금을 지급했습니다.10)

이 배상에 따라 피난자 중에는 일차적으로 거액의 현금을 받는 사람이 생겼습니다. 개중에는 피난처에서 일도 없으

---

10)「도쿄전력 주식회사 후쿠시마 제1, 제2 원자력발전소 사고에 의한 원자력 손해 범위 판정 등에 관한 지침에 대하여(東京電力株式会社福島第一、第二原子力発電所事故による原子力損害の範囲の判定等に関する指針について)」문부과학성(文部科学省) 웹사이트 http://www.mext.go.jp/component/a_menu/science/detail/__icsFiles/afieldfile/2014/02/04/1329116_1_1.pdf(2019년 3월 20일 검색).

니 낮부터 파친코나 술집에 간다든지 고급차를 산다든지 하는 거액의 소비로 우울한 피난생활의 스트레스를 푸는 사람도 있었습니다. 이들 일부 피난민의 생활이나 행동에 대해 주변 주민들 사이에서 "피난민은 배상금으로 놀고먹는다"라는 비난의 목소리가 나오기도 했습니다. 또한 대량의 피난민이 유입된 지자체에서는 피난자 주택 인근 도로가 정체되고 마을의 병원이나 공공시설이 붐비는 등 생활이 불편해졌다는 불만의 목소리도 높아졌습니다.

그렇지만 일부 피난자들의 행동에 문제가 있다 해도 그 사람들도 원전 사고의 희생자입니다. 그들은 결코 자신이 원해서 그러한 생활을 선택한 것이 아닙니다. 원전 사고로 어쩔 수 없이 피난해서 그에 대한 당연한 보상으로 배상금을 받았을 뿐입니다. 더욱이 배상금을 받았다 한들 그들은 자신이 살던 고향, 토지, 집, 친구관계 등을 모두 잃고 두 번 다시 원전 사고 전의 일상으로는 돌아갈 수 없는 사람들입니다. 이처럼 원래는 가장 동정받아야 할 입장에 있는 피난자들인데, 배상금에만 세간의 이목이 집중된 결과 주변의 차가운 시선을 받게 된 것입니다.

참고로 배상금 지급 현황에 대해 도쿄전력은 아래 표와 같은 통계를 공개했습니다.[11]

	개인	개인 (자주적 피난 등에 관한 손해)	법인· 개인사업주 등
청구에 관해서			
청구서 접수 건수 (총 건수)	약 1,092,000건	약 1,308,000건	약 493,000건
본배상의 상황에 대해서			
본배상의 건수 (총 건수)	약 975,000건	약 1,295,000건	약 424,000건
본배상의 금액※	약 3조 1,163억엔	약 3,537억엔	약 5조 1,200억엔
여태까지의 지급 금액에 대해서			
본배상의 금액※	약 8조 5,900억엔 ①		
가불보상금	약 1,528억엔 ②		
지급 총액	약 8조 7,428억엔 ①+②		

<그림 8> 배상금 지급 상황

　보시는 바와 같이 도쿄전력에 대한 배상 청구 건수는 총 250만 건을 넘었고 그 배상액은 방대합니다. 여기서 '개인'과 '개인(자주적 피난 등에 관련된 손해)'으로 '개인'이 둘로 나뉘는데, 이는 피난 지시 구역 내에 거주했던 '개인'과 구역 외의 '개인'(즉 자주적 피난자로 규정된 주민)을 구분한 것으로 여겨집니다.

　참고로 이들 '자주적 피난자'에 대한 배상 청구는 개별 사정을 바탕으로 이루어지기 때문에 청구 심사도 시간이 걸

---

11) 「배상금 지급 상황(賠償金のお支払い状況)」 도쿄전력(東京電力) 웹사이트에서 일부 편집하여 인용. http://www.tepco.co.jp/fukus hima_hq/compensation/results/index-j.html

리고 도쿄전력이 청구를 거부해서 분쟁으로 이어지는 사례가 많습니다. 이러한 분쟁을 해결하기 위해 정부는 「원자력 손해배상 분쟁 해결 센터」를 마련하여 화해 조정을 지원하고 있습니다. 동 센터 보고서에 따르면 사고 후 7년간 조정 신청 건수는 누계 약 24,000건에 달하며 현재도 미해결 안건이 약 1,000건 있습니다. 그중 30%는 신청 후 1년 이상, 약 10%는 2년 이상 지난 안건으로 소송 해결에 오랜 시간이 필요함을 확인할 수 있습니다.[12) 그 기간에 주민들이 부담하는 시간적, 경제적, 정신적 부담도 지대하므로 이 역시 원전 사고의 이차 피해라 하겠습니다.

원전 사고는 방사능 오염으로 많은 사람들의 고향을 빼앗고 다수의 피난민을 만들었습니다. 그뿐만 아니라 피난민들은 피난처에서 더 큰 정신적 고통을 겪거나 혹은 피난민과 피난처 주민 사이에 여러 분쟁이나 대립을 일으키는 등, 피재자 간 심각한 분단을 초래해 사회 심리적으로 치유하기 힘든 상처를 입었습니다. 원자력 사고가 야기한 이러한 이차 피해, 즉 사회 심리적 손해를 잊어서는 안 됩니다.

---

12) 원자력 손해배상 분쟁 해결 센터(原子力損害賠償紛争解決センター), 『원자력 손해배상 분쟁 해결 센터 활동상황 보고서(原子力損害賠償紛争解決センター活動状況報告書)』, 2019년 3월, 4쪽; 22쪽.

5. '제염' 작업 개시

방사능 오염이 광범위하게 퍼진 후쿠시마현 하마도오리부터 나카도오리의 지자체에서는 사고 이후 정부 지시에 따라 각지에서 '제염(除染)' 작업이 이루어졌습니다. '제염'은 한국 분들한테는 생소한 말일지도 모르겠습니다. 일본 정부의 정의에 의하면 "제염은 생활공간에서 받는 방사선 양을 줄이기 위해 방사성 물질을 없애거나 흙으로 덮거나 하는 것"을 뜻합니다.[13] 실제 이루어진 작업 내용을 보면 주로 방사능 물질이 부착된 표토를 제거하거나 나무를 벌채해 통칭 '후레콘백(Flexible Container Bag)'이라는 거대한 비닐봉지에 담는 작업을 의미합니다.

일본 정부는 사고 후 곧 「방사성물질 오염 대처 특별 조치법」을 정했습니다. 이 법에 기초해 제염 범위와 방법에 관한 지침을 정리하고 필요한 예산 조치를 강구한 뒤, 2012년부터 본격적으로 제염 작업을 개시했습니다. 정부가 피난 지시를 내린 오염도 높은 원전 주변 지역은 '제염 특별 구역'으로 지정되어 정부(환경성) 주체로 제염 작업을 진행했습니다. 또한

---

13) 환경성(環境省) 웹사이트 http://www.pref.fukushima.lg.jp/site/portal-ko/ko02-03.html(2019년 3월 20일 검색).

이 주변에 '제염 상황 중점 조사 지역'으로 지정된 지자체에서는 제염 상황을 조사해 연간 누적 방사선량이 1밀리시버트(mSv)를 초과할 경우 지자체 주체로 제염 작업을 진행하도록 했습니다. 1밀리시버트가 기준이 된 것은 국제방사선방호위원회(ICRP)가 정한 일반인의 연간 피폭 한도를 참고한 것입니다. 이 수치에서 역산해 시간당 방사선량이 0.19마이크로시버트(μSv) 이하면 연간 1밀리시버트 이내 피폭에 해당하므로 건강에 문제없다고 판단했습니다. 그래서 0.19마이크로시버트라는 수치가 제염 작업의 목표치가 되었습니다.[14)]

현재 내가 살고 있는 후쿠시마시는 후쿠시마현의 현청 소재지로 원전에서 60킬로미터 이상이나 떨어져 있습니다. 그렇지만 원전에서 오염이 퍼진 북서부에 위치하기 때문에 다른 지자체보다 방사능 오염이 심해 제염 대상 지역이 되었습니다. 후쿠시마시는 2011년 9월 「후쿠시마시 고향 제염 계획」을 정리하여 향후 5년간 후쿠시마시 공공시설과 주택 전부를 대상으로 제염 작업을 시행한다고 공표했습니다.[15)] 이

---

14) 환경성이 공표한 산출근거와 계산식은 이하 사이트에서 참고할 수 있다. https://www.env.go.jp/chemi/rhm/h28kisoshiryo/h28qa-02-20.html

15) 후쿠시마시(福島市), 「후쿠시마시 고향 제염 계획(福島市ふるさと除染計画)」 제1판, 2011년 9월 27일. https://www.env.go.jp/che

제염 작업은 시내의 방사선량이 높은 지역부터 순서대로 이루어졌습니다.

제염 작업은 필연적으로 대량의 폐기물(이하 '제염 폐기물')을 낳습니다. 이 폐기물은 과학적으로 말하면 '방사성 폐기물'입니다. 그러니까 일반쓰레기 처리 시설로는 처분할 수 없습니다. 일본 정부는 그때까지 오랜 기간 원전을 추진하면서도 사용이 끝난 핵연료를 비롯한 방사성 폐기물을 보관하는 '최종처분장'은 물론 '중간저장시설' 건설을 소홀히 했습니다. 그래서 제염 작업이 개시되었으나 제염 폐기물을 가져다 넣을 보관 장소가 없었습니다. 정부 지시로 후쿠시마시는 제염 전에 시유지나 주민에게 빌린 사유지에 일시적 보관 장소를 설치하고 이를 '임시저장소(仮置場)'라 불렀습니다. '중간저장시설'이 생길 때까지 임시로 저장하는 곳이라는 의미입니다.

제염은 학교나 유치원 등 아이들이 모이는 곳과 공공시설을 우선적으로 진행했고, 제염 폐기물이 담긴 후레콘백이 '임시저장소'를 차례차례 메웠습니다. '임시저장소' 수는 금방 부족해져 제염 작업을 진행하는 동시에 새 '임시저장소'를 계속 만들었습니다. 개중에는 주택지 바로 옆에 '임시저장소'가 설치되기도 하여 근처 주민의 불안과 강한 반발을 초래했으

mi/rhm/h28kisoshiryo/h28qa-02-20.html

며 주민 간의 대립도 생겼습니다. 본래 주민과 가장 가깝고 주민 건강을 지켜야 할 시청이 마치 중앙정부의 대리인인 양 '임시저장소' 설치를 주민들에게 강요하는 본말전도의 모습도 보였습니다.[16)

한편 공공시설과는 달리 일반 주민의 자택을 제염하는 경우에는 거기에서 나온 제염 폐기물을 그 주택부지 내에 '현장보관'하도록 요구했습니다. '임시저장소' 부족 때문이었습니다. 부지 내에 보관할 때는 폐기물에서 나오는 방사선량을 차단하기 위해 후레콘백을 땅에 묻거나 부지 내에서 되도록 구석에 두고 차단막으로 덮는 등의 조치를 취했습니다. 제염 후에도 폐기물은 결국 주민들의 생활공간 안에 남아 있는 셈입니다.

애당초 '임시저장소'가 모자라 '현장보관'을 강요한 것은 제염 폐기물이 일반쓰레기가 아니라 방사성 폐기물로 간주되어 일본 전국 어디에서도 받아주지 않기 때문입니다. 도쿄전력이 유출한 방사능 때문에 생긴 제염 폐기물인데, 이것을 도쿄전력은 물론이거니와 일본의 어느 누구도 책임을 지지 않고 후쿠시마 주민들이 떠맡게 된 것입니다. 원전 사고의 희

---

16) 필자가 사는 동네에서도 시청이 일방적으로 동네 공원을 임시저장소로 하겠다는 계획을 내세웠다. 그러나 그에 반발한 주민들이 반대 서명을 모아 저항한 결과, 시청에서는 계획을 철회했다.

생자가 추가적 희생을 강요당하는 부조리가 여기에서도 확실히 나타납니다.

　이렇게 후쿠시마현 각지에서는 제염 작업을 진행하면 진행할수록 도처에 후레콘백이 쌓인 '임시저장소'와 '현장보관소'가 늘어났습니다. 그리고 시내 공공시설과 '임시저장소' 근처에는 주변의 공간 방사선량을 보여주는 모니터링 포스트(Monitoring Post)가 설치되었습니다. 모니터링 포스트는 주민들 입장에서 자신이 있는 공간의 방사선량이 제염 후 목표치인 0.2마이크로시버트 이하임을 확인할 수 있는 수단으로 유용합니다. 하지만 뒤집어 말하면 후쿠시마 주민들은 자신이 원하건 원치 않건 간에 모니터링 포스트를 볼 때마다 늘 방사

<그림 9> 후쿠시마 시내의 모니터링 포스트

<그림 10> 후쿠시마 시내의 　　　　<그림 11> 주택 뒤의 '현장보관소'.
'임시저장소' 　　　　　　　　　　　녹색 커버 부분

선 문제를 의식하지 않을 수 없음을 의미하기도 합니다.

　　방사선이 건강에 끼치는 영향은 불분명한 점이 많아 저선량이라 해도 절대적으로 안심할 수는 없습니다. 그렇기 때문에 제염을 했어도 타 지역에 비해 상대적으로 방사선량이 높은 후쿠시마의 주민들은 정도의 차이는 있으나 잠재적으로 심리적 스트레스를 계속 받고 있습니다. 모니터링 포스트는 자신의 생활공간에 대한 안심을 확인시켜주는 존재인 동시에, 이곳이 방사능 오염 지역임을 떠올리게 하는 존재입니다. 필요하지만 원치 않는 모순된 존재입니다. 이 모순을 떠안아야 하는 것 자체가 다름 아닌 심리적 피해입니다. 결국 제염 작업이 완료되었어도 후쿠시마 주민이 안심하고 쾌적하게 지낼 수 있게 된 것은 아닙니다. 후쿠시마 주민들은 제염 후에도 폐기물과의 '공존'을 강요받는 부조리 속에서 살고 있습니다.

6. 제염 비용과 중간저장시설

앞에서 말한 대로 일본 정부는 오염도가 높은 원전 주변 지자체에 대해서는 '제염 특별 구역'으로서 환경성 직할로 제염 작업을 시행하는 한편, 주변 지역은 '제염 상황 중점 조사 지역'으로서 각 시정촌에서 제염 작업을 실시하도록 했습니다. 후쿠시마시를 비롯한 현내 지자체는 원전 사고부터 현재까지 약 8년에 걸쳐 일단 당초 계획에 기초한 제염 작업을 완료했습니다. 후쿠시마현은 2018년 3월 「시정촌 제염 대처」라는 보고서를 제출하고 그 결과를 다음과 같은 도표(〈그림 12〉)로 정리했습니다.[17)]

여기에 제시한 대로 주택 42만 가구, 공공시설 1.2만 곳을 비롯해 도로 1.9만 킬로미터, 농지 3.1헥타르라는 매우 광범위한 제염 작업이 이루어졌습니다. 그중 시정촌의 제염에서 나온 '제염 폐기물'(정부 용어로는 '제거 토양 등')의 총량은 약 700만㎥에 달합니다. 한편 정부 직할의 '제염 특별 구역'에서 나온 제염 폐기물 총량은 900만㎥로, 후쿠시마현 전

---

17) 후쿠시마현(福島県), 『시정촌 제염 대처(市町村除染の取組)』, 2018년 3월, 2쪽. https://www.pref.fukushima.lg.jp/uploaded/attachment/294524.pdf에서 열람 가능.

<figcaption><그림 12> 시정촌 제염 대처</figcaption>

체에서 총 1500만㎥의 제염 폐기물이 발생했습니다.[18]

비용 면에서 보면 현시점에서 시정촌의 제염 비용은 약

---

18) 후쿠시마현(福島県), 『시정촌 제염 대처(市町村除染の取組)』, 4쪽.

1.3조 엔, 정부 직할 제염 비용은 1.5조 엔으로, 총액 약 3조 엔에 이릅니다.[19] 이 비용은 현재 정부가 대신 치르고 있는데 언젠가는 도쿄전력에 청구할 것입니다. 하지만 도쿄전력이 이 거액의 배상금을 갚으려면 이익을 확보할 필요가 있고, 그것은 주로 소비자에게 징수하는 전기요금에서 발생합니다. 즉 원전 사고 배상 책임은 도쿄전력이 아니라 국민들에게 전가되고 있다 해도 과언이 아닙니다. 정부는 도쿄전력이 도산하면 배상이 막힌다는 이유로 도쿄전력에 대한 공적 지원을 정당화합니다. 그러나 이러한 제도 때문에 사고 책임이 모호해졌고, 또한 제염 비용의 거대화로 연결된 부정적 측면이 강하다는 것이 필자의 평가입니다.

참고로 1500만㎥에 달하는 방대한 양의 폐기물은 현재 후쿠시마현 각지의 '임시저장소'와 '현장보관소'에 쌓여 있으나 추후에 '중간저장시설'로 옮겨질 예정입니다. 이 '중간저장시설'은 방사능 오염이 가장 심각한 '귀환 곤란 지역' 안에 건설 중입니다. 일부 완성한 구역에는 이미 '임시저장소'의 제염 폐기물을 이송하는 작업이 시작되었습니다. 당연하지만 이 방대한 양의 폐기물 이송에도 막대한 비용이 듭니다. 지금까지 제염 작업에만 3조 엔이 들었는데 앞으로 제염 폐기물

---

19) 후쿠시마현(福島県), 『시정촌 제염 대처(市町村除染の取組)』, 4쪽.

이송을 위해 다시 막대한 비용이 들 것으로 예상됩니다. 이송 비용 역시 정부는 도쿄전력에 청구할 테고, 제염 비용과 마찬가지로 최종적으로는 전기요금으로 징수되어 실제로는 국민의 부담이 될 것입니다.

사정이 그렇더라도 방사선량은 적으면 적을수록 좋다고 생각되는 만큼 후쿠시마 주민들도 제염이나 이송에 강하게 반대하지는 않습니다. 누구나 자기 집 주변에서 제염 폐기물이 사라지는 것은 기쁘기 때문입니다. 반면 다른 현 주민들은 폐기물이 후쿠시마현에 남아 자기가 사는 현으로만 오지 않으면 된다는 생각이 일반적입니다. 전기요금이 다소 인상될지언정 자신의 생활권에 방사능 오염이 미치지 않는 한, 정부나 도쿄전력에 대한 국민적 비판은 높아지지 않을 것입니다. 그리하여 제염과 제염 폐기물 이송은 국민의 엄격한 감시도 비판도 없이 오늘도 조용히 이루어지고 있습니다.

아마도 이러한 현 상황을 가장 바람직하게 여기는 것은 정부와 도쿄전력일 테지만, 이른바 '제네콘(General Contractor)'이라 불리는 대형 건설 토목회사도 마찬가지입니다. 왜냐하면 제염 관련 사업이 이어지는 한 그들은 그 청부를 도맡아 안정된 이익을 계속 올릴 수 있기 때문입니다. 물론 종합 건설회사의 하청업체로 작업하는 후쿠시마 지역 건설업자도 다소의 이익을 얻는 것이 사실입니다. 그러나 자기가 사는 지역이 오염되어 그것을 제염함으로써 이익을 얻는 상황은 기업인으로서는 '기쁠'지도 모르겠으나 지역주민의 한 사람으로서는 '비참하다'고 하겠습니다.

게다가 제염이나 제염 물질 이송은 지역의 미래에 플러스가 되는 어떤 유산도 남기지 않는다는 점에서 도로나 통신망 건설 같은 일반 공공사업과는 크게 다릅니다. 도로나 통신망이라면 설령 거액의 자금을 투입한다 해도 그것을 장래에 활용함으로써 새로운 경제활동과 가치가 생겨 지역을 풍요롭게 할 수 있습니다. 하지만 제염은 단순히 원전 사고에서 발생한 방사성 폐기물을 청소하고 이송하는 데 불과합니다. 아무리 열심히 한들 원상 회복이 고작이며, 실은 현상 회복조차 불가능합니다. 제염이 끝난 후 후쿠시마에 남는 것은 '중간저장시설'이라는 주민의 일상생활이나 경제활동에 어떤 긍정적 의미도 갖지 않는 거대한 시설뿐입니다. 단적으로 말해 제염이라는 거대 프로젝트는 종합 건설회사에는 비즈니스 찬스이나, 지역주민의 밝은 미래를 위한 투자적 측면은 전혀 없습니다. 어느 저널리스트가 제염을 가리켜 "21세기 최악의 공공사업"이라고 평했습니다만, 나도 전적으로 동감입니다.[20]

---

20) 히노 고스케(日野行介), 『제염과 국가: 21세기 최악의 공공사업

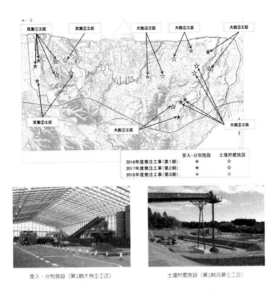

<그림 13> 후쿠시마 제1원전 부근의 '귀환 곤란 구역'에 건설 중인
중간저장시설[21]

7. 우리 집의 사례

다음으로 내가 개인적으로 제염 작업을 어떻게 받아들였
는지 말씀드리겠습니다. 우리 집은 후쿠시마 시내에서 비교적

(除染と国家: 21世紀最悪の公共事業)』, 集英社, 2018.
21) 환경성 중간저장시설 정보 사이트(環境省·中間貯蔵施設情報サ
イト) http://josen.env.go.jp/chukanchozou/about/에서 인용.

<그림 14> 우리 집 현관 앞에서 방사선을 측정하는 모습

방사선량이 낮은 지역에 속해 차례가 늦었습니다. 제염 작업에 착수한 것은 2015년 5월이었습니다. 작업자가 와서 부지 내 방사선량을 측정한 뒤 제염 작업을 하고, 그 후에 다시 측정하여 방사선량 저하를 확인하는 순서로 이루어졌습니다.

먼저 건물 안팎의 방사선 측정을 한 뒤, 여러 명의 작업자 팀이 제염 작업에 들어갔습니다. 주요 작업은 지붕에 부착한 방사성 물질을 닦아내는 일, 그리고 마당의 잡초를 제거하고 앞마당과 뒷마당의 표토를 수 cm 벗겨내는 일이었습니다. 우리 집 부지는 그리 넓지 않아서 작업은 하루 만에 끝났습니다.

그렇다면 제염 작업 후 우리 집 방사선량은 얼마나 내려갔을까요? 그 결과는 다음 표와 같습니다.

●事前モニタリング日　平成 27 年 5 月 28 日
●完了モニタリング日　平成 27 年 9 月 28 日
●測定結果(速報値)

単位　μSv/h (マイクロシーベルト)

		測定高	1 cm	50 cm	1m
測定箇所	室内(1 階)	除染前	0.10	0.10	0.11
		除染後	0.06	0.07	0.07
	室内(2 階)	除染前	0.15	0.17	0.16
		除染後	0.10	0.12	0.10
	玄関先	除染前	0.06	0.09	0.08
		除染後	0.04	0.06	0.07
	庭中央	除染前	0.14	0.28	0.25
		除染後	0.09	0.19	0.17
	屋根	除染前	155	屋根の測定値の単位は cpm	
		除染後	132		
	現場保管箇所	保管前	0.06	0.11	0.11
		保管後	0.06	0.09	0.08
特記事項	現場保管土量数：フレコン 2 袋				
	現場保管形態：地下埋設				

<그림 15> 우리 집의 방사선 측정 결과

표를 보는 법은 우선 측정 장소가 세로 칸에 있습니다. 그리고 각각 지면에서 1㎝, 50㎝, 1m 높이 지점의 방사선량을 측정한 것입니다.

우리 집은 제염 개시 전에 이미 대부분의 지점에서 시간당 0.2마이크로시버트를 밑도는 수준이었습니다. 제염 결과 미량이지만 모든 지점에서 방사선량이 낮아져 전부 목표치인 0.2마이크로시버트 이하가 되었습니다. 즉 제염 작업이 다소 효과는 있었다고 하겠습니다.

그러나 제염 작업의 결과로 우리 집만 하더라도 후레콘

백 두 개 분량의 제염 폐기물이 생겼습니다. 이것을 '현장보관'해야 하기에 우리 집에서는 앞마당 지하에 묻는 법을 택했습니다. 이리하여 우리 집 마당에는 큰 구멍이 파이고 비닐봉지 두 개가 땅속에 묻혀 '현장보관소'가 되었습니다.

<그림 16> '현장보관소'가 된 우리   <그림 17> 제염 후 폐기물을
집 앞마당   묻었다는 표시

이때 매설 장소에는 노란 말뚝을 박았습니다. 이것은 나중에 중간저장시설로 이송할 때 파내기 위한 표시입니다.

하지만 이때 나는 추후 이 제염 폐기물을 꺼내서 옮길 필요는 없다고 느꼈습니다. 원래 우리 집 방사선량은 비교적 낮았고 제염 폐기물도 땅속에 묻었기 때문에 흙의 차단 효과로 지상에는 거의 영향을 주지 않습니다. 앞으로 시간이 지나면 자연 감소에 따라 방사선량은 더욱 적어지겠지요. 그렇게 되면 지금은 '방사성 물질'이라 말하지만 미래에는 방사선량이 더욱

미량이 되어 언젠가는 그냥 흙이나 다름없을 것입니다. 그래서 나는 나중에 일부러 비용과 품을 들여 이 폐기물을 파내 중간 저장시설로 옮길 필요도 없다고 생각했습니다. 과학적으로 생각하면 방사선이 자신의 생활에 영향을 끼치지 않는 이상, 이것을 다른 장소로 보내는 것은 무의미하기 때문입니다.

물론 방사선에 대한 생각이나 감각은 주민에 따라 많이 다릅니다. 아마 대부분의 주민은 과학적으로 안전하다고 해도 심리적 이유로 장래에는 이송을 희망하는 사람이 다수일 것입니다.

여하튼 중요한 것은 방사성 폐기물이 애초에 주민들 스스로가 만들어낸 폐기물이 아니고 원전 사고 때문에 억지로 떠안은 물건이라는 점입니다. 그러므로 이것을 오랜 기간 심리적 불안과 불만을 참아가면서 자기 집 마당에 계속 보관한 주민에게는 장래에 이송 여부와 상관없이 정부와 도쿄전력이 그 대가로 일정의 위자료를 지불해야 마땅합니다.

8. 피난민 귀환 문제

원전 사고 직후부터 일본 정부는 오염도가 높은 지역에

피난 지시를 내려 주민 다수를 후쿠시마현 내외로 피난시켰습니다. 그 후 피난 지시가 내려진 지역을 오염도가 낮은 순으로 '피난 지시 해제 준비 구역', '거주 제한 구역', '귀환 곤란 구역'으로 재편했습니다. 현재는 제염 작업이 진행되어 방사선량이 낮아진 지역부터 서서히 피난 지시를 해제하고 주민 귀환을 용인하고 있습니다.

그렇지만 이미 피난한 지 5~6년이나 지났기 때문에 피난지에서 새 일터를 찾거나 새 집을 사서 그곳에 정착한 사람도 있습니다. 타지 생활이 겨우 궤도에 올랐는데 피난 지시가 해제되었다고 해서 바로 고향으로 돌아갈 수는 없습니다. 또 부모는 귀환을 바라는 경우에도 아이들이 고향으로 돌아가고 싶어 하지 않는 세대 간 의견 차이로 귀환을 단념하는 사례도 있습니다. 어차피 원전 사고 때 유아였던 아이들은 고향에 대한 기억도 거의 없습니다. 게다가 가족 내 의견이 귀환으로 통일되어도 다른 주민들이 가족과 다함께 돌아올지 확신할 수 없습니다. 자기 가족만 돌아와 봤자 다른 주민들이 돌아오지 않으면 이웃도 없고 가게도 없고 학교에 학생이 없는 상황에 직면할 것이 뻔합니다. 이러한 불안도 귀환을 주저하게 하는 요인입니다. 더구나 귀환지의 거리와 마을 곳곳에는 여전히 제염 폐기물이 쌓여 있습니다. 사고 전의 아름다운 고향 풍경이 사라져버렸기 때문에 귀환 의사는 더 좌절되기 마련입니다.

실제로 정부가 피난 지시를 해제한 후에도 귀환하는 주민은 소수에 그치고 있습니다. 다음 표는 2019년 3월 시점에 피난 지시 해제 지역으로의 귀환율을 보여줍니다.[22]

旧避難指示区域の居住率				
	解除時期	対象者（人）	居住者（人）	居住率（%）
田村市都路地区東部	2014年4月	273	222	81.3
川内村東部	14年10月 16年6月	287	87	30.3
楢葉町	15年9月	6,946	3,657	52.6
葛尾村	16年6月	1,301	375	28.8
南相馬市小高区など	16年7月	8,677	3,665	42.2
浪江町	17年3月	14,535	910	6.2
飯舘村	17年3月	5,415	905	16.7
川俣町山木屋地区	17年3月	843	334	39.6
富岡町	17年4月	9,269	877	9.4
全 体		47,546	11,032	23.2

<그림 18> 구 피난 지시 구역의 거주율

---

22) 가호쿠 신보 디지털판(河北新報デジタル版) 2019년 4월 12일자. 강연 때는 가호쿠 신보 디지털판 2018년 3월 8일자에 게재된 2018년 3월 말 데이터를 제시했으나 본 원고를 준비하면서 최신정보를 입수했기 때문에 이 데이터를 인용한다.

표에서 알 수 있듯이 지자체별 차이는 있으나 전반적으로 귀환율이 낮습니다. 특히 마을 전체가 피난 지시 대상이 되어 주민 전원이 장기간 피난생활을 해야 했던 도미오카마치(富岡町), 나미에마치(浪江町), 이이타테무라(飯館村) 등은 귀환율이 약 10% 전후로 극히 낮은 수준입니다. 이는 정부가 탑다운(Top-down) 방식으로 제염을 진행하고 피난 지시를 해제해도 많은 주민들은 귀환을 망설인다는 사실을 보여줍니다. 즉 정부가 아무리 안전하다고 선언해도 당사자인 주민들은 귀환지에서 이전처럼 안심하고 생활할 수 없다는 판단을 내리는 것입니다.

당사자들은 안심하고 고향으로 돌아갈 수 없다고 판단하는데도 정부가 잇달아 피난 지시를 해제하고 주민 귀환을 계속 장려하는 것은 무엇 때문일까요? 그 주된 이유는 이미 서두에 지적했듯이 통계상 '피난자' 수를 줄여 '피난자'에 대한 지원금을 줄이기 위해서라고 생각합니다. 피난 지시를 해제해버리면 그 후 주민이 귀환을 하든 말든 간에 더 이상 통계상 '피난자'는 없어집니다. 그러면 피난자를 위한 공적 지원도 불필요하다고 보고 중단할 수 있습니다. 피난자가 보이지 않는 존재가 되면 후쿠시마 원전 사고의 피해도 점점 더 보이지 않고 국민들의 관심에서 사라지겠지요. 그러면 대외적으로 원전 사고는 수습되었고 후쿠시마는 '부흥'했다는 선전이 가능할지도 모릅니다.

9. 원전 사고와 올림픽 유치

일본 정부가 후쿠시마현 주민들의 피해와 고뇌를 진지하게 받아들이기보다는 오히려 피해 정도를 축소하고 대외적으로 홍보하려는 의도는 어디에 있을까요? 내가 보기에 그것은 전적으로 '국익'을 위해서입니다. 물론 '국민'이나 '주민'의 이익이 아니라 '정부'나 '국가'의 이익이라고 하는 편이 정확하겠지요. 이러한 국익 우선과 주민 경시의 태도가 가장 노골적으로 나타난 것이 2013년 9월 7일 아베 총리가 국제올림픽위원회(IOC) 총회에서 행한 영어 스피치였습니다. 아베 총리는 이 자리에서 2020년 올림픽을 도쿄로 유치하려고 전 세계 사람들 앞에서 다음과 같이 말했습니다.

후쿠시마에 대해 걱정하시는 부분은 제가 보장하겠습니다. 상황은 통제되고 있습니다.(원문은 The situation is under control) 도쿄에는 어떤 악영향도 지금까지 미치지 않았고 앞으로도 미칠 일은 없습니다.[23]

나는 이 스피치를 들었을 때의 분노를 잊을 수 없습니다. 오늘 강연에서 말씀드린 대로 지금도 고향을 잃고 어쩔수 없이 장기간 피난생활을 하고 있는 사람들이 후쿠시마에는 여전히 많이 있습니다. 피난 지시가 해제된 구역도 제염이 이루어졌다고는 하나 그 뒤에는 산더미 같은 대량의 제염 폐기물이 남아 있어 안심하고 귀환할 수 있는 상황은 아닙니다. 한편으로 제1원전에 주목해보면 사고 후 멜트다운을 일으켜 원자로 바닥에 녹아떨어진 핵연료 제거는 고농도 방사선 때문에 저지되어, 앞으로 폐로 작업이 확실히 이루어질지 전혀 예측할 수 없습니다. 또한 그때부터 원전 부지 내 오염수를 보관하는 탱크는 계속 늘어나 보관 공간의 한계를 이유로 바다로 방출하는 안이 검토되면서 지역 어민은 물론, 한국을 비롯한 주변국까지 불안하게 하는 상황입니다. 그럼에도 불구하고 일본 총리는 이러한 곤란한 문제를 직시하지 않고 원전 사고의 영향은 한정적이며 모든 것이 수습되고 있는 듯이 세계를 향해 "under control"이라 외친 것입니다.

이처럼 후쿠시마의 피재 상황을 총리가 의도적으로 과

23) 「IOC 총회에서의 아베 총리 프리젠테이션(IOC総会における安倍 総理プレゼンテーション)」, 2013년 9월 7일. 수상관저(首相官邸) 웹사이트 https://www.kantei.go.jp/jp/96_abe/statement/2013/0907 ioc_presentation.html

소평가하는 것 자체가 매우 불성실하고 주민 감정을 거스르는 일입니다. 하지만 그 이상으로 내가 분노한 것은 후쿠시마 원전 사고가 "도쿄에는 어떤 악영향도 지금까지 미치지 않았고 앞으로도 미칠 일은 없습니다"라고 한 후반부 발언입니다. 여기에는 완벽할 정도로 총리의 본심이 드러나 있습니다. 후쿠시마 사람들이 방사능 오염이나 피난으로 고통받는 것은 그야말로 원전 사고의 '악영향'입니다. 그러나 그 '악영향'이 도쿄에만 미치지 않고 도쿄만 보호된다면 거기에서 즐겁게 올림픽을 하자는 말입니다.

한국의 여러분도 잘 아시다시피 원전 사고를 일으킨 것은 '후쿠시마 전력'이 아닙니다. '도쿄전력'입니다. 그리고 도쿄전력의 원전이 생산한 전기는 모두 도쿄를 중심으로 한 수도권에 공급함으로써 그 번영을 뒷받침했습니다. 그런데 사고가 일어나자 후쿠시마는 그저 거추장스러운 존재로 버려진 것입니다. '아름다운 나라' 이미지를 강조하고픈 총리에게 '오염된 후쿠시마'만큼 귀찮은 존재는 없겠지요. "도쿄에는 어떤 악영향도 … 미칠 일은 없습니다"라고 세계를 향해 의기양양하게 발언하는 총리 모습은 나에게 더 이상 일본국 수상으로 보이지 않았습니다. 그것은 도쿄만 지키고 도쿄만 번영하고 도쿄만 세계에서 인정받으면 된다고 생각하는 '도쿄국' 수상의 모습이었습니다.

아베 총리의 발언은 당연히 후쿠시마 주민들의 비판을 받았습니다. 이러한 비판을 빠져나갈 목적으로, 일본 정부는 2020년 도쿄 올림픽 개최가 결정되자 도쿄가 개최 도시인데 300킬로미터 이상 떨어진 후쿠시마시에서 소프트볼과 야구 시합을 몇 차례 개최하기로 했습니다. 몇 차례의 시합이라도 올림픽 경기가 열리면 확실히 사람이 모이고 지역에 경제효과를 낳아 대외적인 이미지 개선으로 연결될지 모릅니다. 실제로 이러한 측면을 고려해 후쿠시마현도 정부 결정을 환영하고 시합 횟수를 늘리도록 교섭했을 정도입니다.

그러나 나는 도쿄 올림픽을 후쿠시마시에서 개최하는 것이 전혀 기쁘지 않습니다. 후쿠시마시도 분명 원전 사고의 피재지이기는 하나, 피해가 가장 심각했던 것은 피난 지시가 내려진 하마도오리의 지자체입니다. 아베 총리가 스스로 후쿠시마 상황은 통제되고 있다고 보장한다면 피난 지시를 해제한 원전 근처 지자체에서 개최해야 설득력도 있고 피재 주민을 격려하는 효과도 있습니다. 그런데 정부는 그렇게 하지 않았습니다. 정부는 교통과 시설 인프라가 정비되어 있다는 이유로 후쿠시마시를 택했다고 하지만, 아마 본심은 피난 지시 구역이었던 장소에서 개최했을 때 예상되는 IOC 및 국제

사회의 비판과 불안의 목소리를 견딜 자신이 없었던 것이라 생각합니다.

어찌 되었든 간에 후쿠시마시에서 개최될 불과 몇 차례의 올림픽 경기는 후쿠시마 '부흥'의 상징으로 정부 선전에 크게 이용되겠지요. 그리고 그 열광의 그림자에서 아직도 현내 각지에 남아 있는 방사성 폐기물 더미, 고향에도 안심하고 돌아가지 못하고 타지에서 피난생활을 계속하는 사람들의 고뇌, 원전 사고 피해 배상을 요구하는 무수한 주민 소송 등, 후쿠시마 피해의 실태는 완전히 구석으로 밀려난 채 '밝은' 후쿠시마의 미래만을 이야기하겠지요. 나는 그러한 열광에 빠져들고 싶지 않습니다.

10. 한일 관계에 주는 시사점

지금까지 주로 나의 경험을 섞어가며 후쿠시마 피재 상황을 말씀드렸습니다만, 마지막으로 이 원전 사고가 미래의 한일 관계에 주는 영향에 대해 개인적인 생각을 간단히 말씀드리겠습니다.

먼저 사고 후 원전에 대한 양국의 여론과 정책 변화에

대해서입니다. 후쿠시마 원전 사고는 일본 전체가 원전의 위험성을 인식하는 계기가 되어 그 후 탈원전 분위기가 높아졌습니다. 이 여론 동향은 원전 추진 입장에 있는 일본원자력재단 조사에서도 확인할 수 있습니다. 구체적으로 말하면 2014년 시점에 원자력발전소에 대해 "즉시 폐지할 것"이라는 응답이 약 16%, "당분간 이용하지만 서서히 폐지할 것"이 약 48%로, 총 60% 이상이 단계적인 탈원전을 지지했습니다. 이 비율은 2015년 이후에도 거의 같은 수준을 유지해 2017년 시점에도 전혀 바뀌지 않았습니다.[24] 즉 언젠가는 탈원전으로 가야 한다는 여론이 일본사회에 정착했다고 할 수 있습니다. 따라서 현재 일본 정부가 원전 유지를 호소하며 몇 개의 원자로 재가동을 실현했다 해도 이 여론이 유지되는 한, 이전처럼 원전 추진을 계속하기는 어려운 상황입니다.

반대로 한국에서는 이명박 정권이 일본 원전 사고를 타산지석으로 삼지 않고 오히려 일본 대신 자국의 원자력 산업을 세계에 팔아넘기는 기회로 파악해 원전 증설과 해외 수출 계획에 힘을 쏟았습니다. 이는 독일이 후쿠시마 원전 사고를 계기로 탈원전으로 변경한 것과 극명한 대조를 보였

---

24) 일본원자력문화재단(日本原子力文化財団) https://www.jaero.or.jp /data/01jigyou/pdf/tyousakenkyu29/r2017_youyaku.pdf

습니다.

일본에서 탈원전을 강력히 주장하는 것은 정치적으로 이른바 '진보파(리버럴)'입니다. 진보파 중에는 일찍이 한국 민주화운동을 적극 지원하거나 한일 문화교류를 대중 차원에서 추진하는 등, 전통적으로 친한(親韓) 성향을 가진 사람들이 다수 있었습니다. 그만큼 이들 진보파는 일본 원전 사고를 통해 원자력 추진 방향을 분명히 한 이명박 정권의 모습에 실망해 이제까지 보였던 한국과의 연대나 친한 성향이 후퇴하는 계기가 되기도 했습니다.

물론 문재인 정권의 발족으로 탈원전 방향성을 제시함으로써 이러한 실망감은 다소 완화되었습니다. 그렇지만 한국에서 탈원전에 대한 원전 추진 세력의 저항은 뿌리 깊어서 향후 어떻게 될지 미지수입니다. 앞으로도 일본의 탈원전 세력은 한국과도 탈원전 연대를 기대하겠지요. 만일 금후 한국 정권이 다시 원전 추진 방향으로 돌아선다면 일본 진보파 내에서도 한국에 대한 실망과 비판이 강해져 친한파가 한층 줄어들 가능성이 있습니다.

다음으로 한국의 일본산 식품 수입 규제 문제에 대해서입니다. 원전 사고로 세계 각국은 후쿠시마산을 비롯한 일본산 식품에 대해 광범위한 수입 규제를 했으나 시간이 지남에 따라 단계적으로 해제했습니다. 한국의 경우 현재 후쿠시마현 외에도 미야기현, 이와테현, 아오모리현의 도호쿠 네 개현, 그리고 간토 지방의 도치기현, 군마현, 이바라기현, 지바현의 네 개 현을 더해 총 여덟 개 현의 수산물 수입을 금하고 있습니다.[25]

수산물 수입 규제는 중국이나 타이완 등 다른 여러 나라에서 하고 있으므로 한국만의 문제는 아닙니다. 다만 3.11 지진과 쓰나미로 심각한 피해를 입은 도호쿠 지방 연안부 네개 현 전부에 대해 수입 규제를 하는 것은 한국뿐입니다. 예를들어 타이완처럼 후쿠시마산 수산물에 한해 규제한다면, 과학적 검사로 기준치 이하의 방사선량임을 알아도 소비자가 심리적으로 불안해하므로 수입을 금한다는 것을 어느 정도 이해할수 있습니다. 사실 일본 소비자 중에도 아직 후쿠시마산을 거부하는 경우가 다수 있습니다. 그러나 같은 도호쿠 지방이라는 이유로 후쿠시마에서 상당히 거리가 먼 이와테현이나 아오모리현까지 수입 규제 대상에 포함하는 것은 이해하기 어렵습니다. 그도 그럴 것이 한국 분들이 다수 방문하는 도쿄의 수산

---

25) 농림수산성(農林水産省), 「우리나라 수산물·수산가공품 수출에 필요한 절차(我が国からの水産物·水産加工品の輸出に必要な手続き)」, 2019년 3월 1일 현재. http://www.jfa.maff.go.jp/j/kakou/export/attach/pdf/exporttetsuzuki-8.pdf

물은 수입 규제 대상 외인데, 아마 도쿄의 바다인 도쿄만(東京湾)이 원전에서 300km 정도 떨어져 있기 때문일 것입니다. 그렇다면 이와테현 연안부도 원전에서 300km 이상 떨어진 지역이라면 반드시 규제할 필요는 없을 터입니다. 하물며 아오모리현은 원전에서 500km 이상 떨어진데다 그 연안부 서쪽은 태평양이 아닌 동해 쪽에 면해 있기에 현지 주민들은 자신들이 왜 규제 대상인지 전혀 납득하지 못합니다. 단순히 행정적으로 같은 '도호쿠'에 속한다는 것 말고는 합리적 이유를 찾을 수 없기 때문입니다.

새삼 강조할 필요도 없겠지만 도호쿠 연안 어민들은 쓰나미로 큰 피해를 입었기 때문에 어떻게든 어업을 부활시키려 노력 중입니다. 그래서 방사능 오염이 거의 미치지 않았던 이와테현이나 아오모리현 어민들에게 한국의 수입 규제는 심한 타격이며, 그 합리적 이유를 알 수 없기 때문에 차별적으로 보이는 것을 피할 수 없습니다.

후쿠시마현의 경우도 어업조합을 중심으로 현에서 나오는 수산물에 대한 방사능 조사를 장기간 계속 실시하고 그 상세 데이터를 웹사이트에 수시로 공개하는 등, 국내외 소비자들의 이해를 얻고자 노력하고 있습니다.26) 하지만 아무리

---

26) 이 데이터는 후쿠시마현 어업협동조합연합회(福島県漁業協同組

이러한 과학적 데이터를 축적해나가도 정치적으로 결정된 수입 규제가 완화되지 않는다면 무엇을 위한 노력인지 허무함과 초조함을 느끼는 것도 인간의 약한 모습입니다. 기준치 이하의 동일한 데이터를 제시해도 다른 현은 수입이 허가되고 '후쿠시마'가 붙어 있는 것은 거부되면, 후쿠시마 주민들은 역시 차별과 소외감을 느낄 수밖에 없습니다. 이것이 수입 규제를 하고 있는 상대방에 대한 감정 악화로 이어지는 측면도 부정할 수 없습니다.

이런 말씀을 드리는 것은 한국 정부의 결정을 비판하기 위해서가 아닙니다. 적어도 후쿠시마를 비롯한 현지 주민들 시점에서 보면 한국의 수입 규제가 이렇게 받아들여져 한국에 대한 이미지 악화로 이어진다는 현실을 솔직히 전하고 싶어서입니다.

일본 정부는 한국 정부의 수입 규제에 대해 부당한 무역 차별이라고 WTO에 소송을 제기했습니다. 그러나 본디 이 문제는 과학적 데이터를 앞세워 상대를 논파하는 방법이 아니라 꾸준한 설득으로 상대의 신뢰를 얻음으로써 해결해야 할 성질의 문제라 생각합니다. 제삼자에게 판정을 의뢰해 승패를 정하

合連合会) 포털 사이트에서 확인할 수 있다. http://www.fsgyoren.jf-net.ne.jp/siso/sisotop.html

려는 일본 정부의 방식은 득책이 아닙니다. 단지 데이터 숫자만 강조하며 상대에게 교섭을 강요할 것이 아니라, 과학적 데이터와 함께 실제로 수산물을 생산하는 지방의 상황, 사람들의 생활과 감정까지 포함해 상대에게 공들여 설명함으로써 이해를 구하는 자세가 필요합니다. 그때는 한국에서도 진지하게 일본의 상황이나 사정을 이해하려는 자세를 보여주기를 기대합니다. 여하튼 이 문제를 둘러싸고 양국 간에 서로의 판단 근거에 대한 평가가 완전히 엇갈리는 것은 향후 양국의 신뢰관계를 쌓는 데 방해가 되고 불안 요인이 됩니다.

이와 관련하여 한국에서는 후쿠시마에 대한 공포가 앞선 탓에 후쿠시마에 직접 가서 현황을 알고자 하는 움직임이 약하지 않나 하는 생각이 듭니다. 그것을 보여주는 데이터의 하나로 원전 사고 후 후쿠시마현에 숙박한 외국 국적자 수에 관한 통계를 살펴보겠습니다. 그래프는 이 데이터를 기초로 필자가 작성한 것입니다.[27]

----

27) 후쿠시마현 상공노동부(福島県商工労働部), 『후쿠시마현 관광객 유입 상황 2011~2017년도(福島県観光客入込状況 平成23年~29年度)』. 이 자료는 아래의 「후쿠시마현 통계자료 일람(福島県統計資料一覧)」 웹사이트를 참조, 「외국 국적 숙박자 수」는 각 연도판 끝부분 참고자료에 게재된 숫자를 인용했다. https://www.pref.fuk ushima.lg.jp/sec/32031a/kanko-koryu2.html

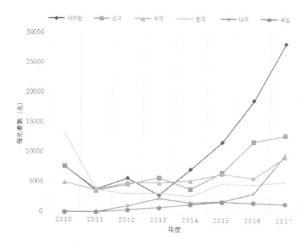

<그림 19> 후쿠시마 현내 외국인 국적별 숙박자 수
(종업원 10명 이상의 시설)

　이 통계에서 원전 사고 전에 가장 많았던 한국인 숙박자 수는 사고 후 크게 떨어진 채로 회복될 조짐을 보이지 않습니다. 그에 비해 중국, 타이완, 미국 등은 이후 급속도로 회복되어 현재는 사고 전보다 더 많은 사람들이 후쿠시마를 방문하고 있습니다. 다시 말해 한국인은 원전 사고 후 후쿠시마에 직접 가기를 기피하는 경향이 다른 나라보다 강하다는 것을 알 수 있습니다. 물론 이 통계는 종업원 10명 이상의 대형시설에 국한되므로 다소의 오차는 있겠습니다만 일반적인 경향을 보여준다고 여겨집니다. 한국과 마찬가지로 후쿠시마산

식품에 대해 수입 규제를 부과하고 있는 중국이니 타이완의 숙박자 수는 계속 증가한다는 점, 또한 이 기간에 일본 전체에 대한 한국인 방문객 수는 급증했다는 점도 고려해본다면, 유독 한국 숙박자 수만 전혀 회복되지 않는 것은 매우 이상한 일입니다.

참고로 나는 2013년부터 2014년에 걸쳐 국립 도호쿠대학에서 교편을 잡았습니다. 그 기간에 해외 유학생을 대상으로 원전 피재지를 방문해 현황을 배우는 스터디 투어를 몇 번인가 기획했습니다. 참가한 유학생의 국적은 미국, 네덜란드, 독일, 중국, 타이완 등 다양했습니다. 모두 역사적으로 중대한 사고인 후쿠시마 현황을 알고 싶어서 자비로 스터디 투어에 신청한 학생들입니다. 그런데 어느 투어에도 한국인 유학생 참가자는 한 명도 없었습니다. 나는 내가 한국 연구자인 만큼 한국 학생과 함께 그 현황을 보고 이야기하기를 기대했었기에 아쉬웠던 기억이 있습니다. 이것은 나의 한정된 경험이지만 앞에 제시한 통계 경향과도 일치하므로 단순한 우연이라고만 생각할 수는 없습니다.

내가 아는 한, 한국에서는 후쿠시마 원전 사고 직후인 2011년 4월 방사능에 오염된 비가 내린다는 우려로 일부 학교가 휴교하는 등 방사능에 대해 민감한 반응을 보였습니다.

그 후에도 비교적 방사선량이 높은 도로가 발견되자 부근을 폐쇄하고 원인 물질을 제거했고, 어떤 브랜드의 생리대와 침대에서 기준치 이상의 방사능이 발견되자 연일 미디어가 경쟁하듯 방사능의 위험성을 보도해 '방사능 공포증'이라는 말도 생겼다고 알고 있습니다.

　이러한 민감한 반응이나 사회적 패닉 현상은 일본에서도 보이며, 사람들의 불안한 심리는 충분히 이해할 수 있습니다. 그러나 정말 방사능이 위험한지 혹은 허용 가능한 범위인지 판단하기 위해서는 실제 측정한 방사선량을 바탕으로 과학적으로 판단할 필요가 있습니다. 즉 방사선에 대해 공포감이 있다고 해서 판단 재료가 되는 확실한 정보 없이 계속 기피만 한다면 안심할 수가 없습니다.

　후쿠시마 방사능 오염 현황에 대해서도 똑같이 말할 수 있습니다. 나는 후쿠시마에서 생활하는 것이 절대적으로 안전하다고 주장할 생각도 없습니다. 오히려 후쿠시마의 안전성이나 밝은 측면만을 강조하는 일본 정부와 후쿠시마 현청의 자세는 현실 문제를 은폐하고 사람들을 특정 방향으로 유도하려는 프로파간다 냄새가 나서 경계하고 있습니다. 그렇다고 후쿠시마에 발 한 번 들이는 일 없이 계속 기피하면서 현장에서 일어나는 문제나 실정을 모르고 거기 사는 사람들의 생각이나 감각을 알리는 자세조차 없다면, 현실을 직시하지 못한 채 막연한 불안 속에서 살아갈 수밖에 없습니다.

　물론 후쿠시마를 기피하는 분위기는 일본 국내에도 뿌리 깊게 남아 있습니다. 게다가 이는 원전 추진파인 '보수파'에도, 그에 반대하는 '진보파'에도 공통적으로 보이는 경향입니다. 원전 추진파는 원전 사고 피해를 축소해 보이려고 "후쿠시마는 안전하다, 후쿠시마로 돌아가 살 수 있다"고 강조하지만, 정작 자신들이 후쿠시마에 살지는 않습니다. 반면 원전에 반대하는 '진보파'는 일본 정부가 후쿠시마의 안전성을 과장해 사고 피해를 과소평가한다고 비판하기 위해 후쿠시마 사고 피해의 심각성을 호소하는 한편, 사고 후에도 후쿠시마에 계속 살기를 선택했거나 어떻게든 거기서 생활을 재개하려는 주민들을 "일본 정부의 안전 프로파간다를 곧이듣고 속고 있는 사람들"이라며 내심 멸시하는 경우가 있습니다. 이러한 '진보파'는 자신들이 후쿠시마현 밖의 안전지대에 산다는 전제로 "후쿠시마는 위험하니 당장 현 밖으로 이주하라"고 쉽게 말하지만, 오랫동안 후쿠시마에서 생활 터전을 일궈온 사람들에게 고향을 버리는 것이 얼마나 중대 결단인지 상상력이 완전히 결핍되어 있습니다. 또 피난이나 이주를 해도 새로운 곳에서 따뜻하게 받아줄지도 모르고 정부 지원이 불충분하기도 해서, 피난하고 싶어도 막상 감행하지 못하고 고민만 하는 주민들의 심정을 헤아리지 못합니다. 결국 그들은 밖에서 쳐다보기 때문에 현지 주민들의 진짜 모습이 보이지 않는데, 마치 보이는 듯 후쿠시마 사람들에 대해 거침없이 말하는 것입니다.

후쿠시마에 살고 있는 우리들만큼 방사능 오염의 무서움을 아는 사람은 없습니다. 따라서 방사능이 가져온 물리적, 경제적, 심리적 피해에 대해 말한다면 우리는 그 누구보다 제대로 자세히 말할 수 있습니다. 하지만 방사능의 위험성을 환기하면 할수록 후쿠시마 밖에 사는 사람들은 더더욱 후쿠시마를 기피하고 후쿠시마에 대한 차별과 편견이 증폭되지 않을까 걱정스럽습니다. 그래서 나도 단순히 방사능 오염의 심각성만 강조하고 싶지는 않습니다.

그렇다고 반대로 후쿠시마가 안전하다고 단언하거나 또는 밝은 측면만 이야기하거나 그러고 싶지도 않습니다. 왜냐하면 이러한 일면만 보는 관점은 바로 후쿠시마의 안전성만 강조하는 정부의 프로파간다에 이용되기 때문입니다. 즉 우리 후쿠시마 주민들이 후쿠시마에 사는 것은 안전하다고 말하는 순간, 정부 내에서는 "봐라, 미안하지만 후쿠시마 사람들도 스스로 안전하고 괜찮다고 하잖아. 그러니까 후쿠시마 원전 사고는 다 끝난 거야. 이제 피재 주민에 대한 보상이나 지원도 끊어도 돼"라는 논리로 몰고 갈 것이 뻔합니다.

이러한 구조 속에서 여러 모순을 안은 채 살아야만 하는 심리적 갈등, 본의 아니게 부과된 대외적 마이너스 이미지와의 격투, 피해자인 자신들이 오히려 차별당하는 부조리 등, 후쿠시마 사람들은 많은 과제에 봉착해 있습니다. 나는 후쿠시마 사람들의 이러한 현실을 역사적 교훈으로 많은 이들이 알았으면 합니다. 특히 일본과 마찬가지로 다수의 원전을 보유하고 있어 향후 원전 정책에 대한 국민적 논의가 필요한 한국 사람들에게 후쿠시마 현황만큼 참고가 되는 사례는 없을 것입니다. 만약 오늘 이 강연이 조금이나마 여러분의 관심을 끌었다면, 앞으로 후쿠시마를 그저 공포의 대상으로만 간주하고 기피할 것이 아니라 그 현실을 직시하고 거기서 어떤 교훈을 얻었으면 좋겠습니다. 한국에서 후쿠시마 전체를 기피한다면 그것은 나처럼 후쿠시마에 사는 사람 입장에서 슬픈 일일 뿐 아니라, 한국의 미래에도 결코 바람직한 일은 아닐 것입니다. 오히려 이를 계기로 후쿠시마 문제를 한국 사람들과 함께 이야기하고 토론하는 기회가 늘어난다면 그처럼 기쁜 일은 없습니다. 이것이야말로 후쿠시마 주민이자 한국 연구자인 나의 간절한 바람입니다.

여러분, 모쪼록 한 번 후쿠시마에 오셔서 후쿠시마의 비참함만이 아니라 거기 사는 사람들의 강인함과 연약함, 현명함과 간사함도 있는 그대로 봐주십시오. "백문이 불여일견"이라는 한국과 일본에 공통된 속담이 있습니다. 게다가 처음 한 발짝을 내딛는 용기의 중요성은 한국 속담이 잘 말해주지 않습니까? "시작이 반이다"라고 말입니다. 경청해주셔서 감사합니다.

저 자 ┃ 마쓰타니 모토카즈(松谷基和)

　　1975년 출생. 국제기독교 대학 졸업, 도쿄대학 종합문화연구과 석사, 하버드 대학 동아시아 연구대학원 박사.

　　와세다대학 아시아 연구기구 조수(2009~2012년), 도호쿠대학 경제학부 조교수(2013~2015년)를 거쳐, 2016년 4월부터 도호쿠가쿠인대학 교양학부 언어문화학과 조교수로 재직 중이다.

역　자 ┃ 배관문(裵寬紋)

　　도쿄대학 대학원 종합문화연구과 학술박사. 한림대학교 생사학
연구소 HK연구교수, 고려대학교 민족문화연구원 연구교수를 거
쳐, 현재 한국외국어대학교 강사.
　　전공은 일본사상사, 특히 에도 시대 국학사상을 중심으로 일본
역사와 문화의 기원에 관한 논의를 주로 연구하고 있다.

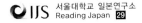
서울대학교 일본연구소
Reading Japan 29

후쿠시마 원전 사고, 그 후
한일의 미래를 위한 당사자의 관찰과 시사

초판인쇄 2019년 10월 08일
초판발행 2019년 10월 14일

기   획 서울대학교 일본연구소
저   자 마쓰타니 모토카즈
역   자 배관문
발 행 인 윤석현
책임편집 박인려
발 행 처 제이앤씨
등   록 제7-220호
주   소 서울시 도봉구 우이천로 353 성주빌딩 3F
전   화 (02)992-3253(대)
전   송 (02)991-1285
전자우편 jncbook@daum.net
홈페이지 http://www.jncbms.co.kr

ⓒ 서울대학교 일본연구소, 2019. Printed in KOREA.

ISBN 979-11-5917-147-5 03300   정가 9,000원